10代からの
サステナブル
持続可能な社会をめざして

輝く心と

学ぶ喜びを

野田将晴

海と陸の豊かさの復活を

有明海の干潟。
海から命が生まれたという。
その海から私達は多くの恩恵を受けている。
持続可能な開発のためには海を守らなければならない。
（第一章）

山からの恵み

山と海はつながっている。やがて大河となる川も、雪解けの水や雨の小さな流れから始まる。山の栄養素、ミネラルを含んで……そして海を豊かにする。

（第一章）

緑の地球を取り戻そう

森林が縮小し、砂漠が拡大している。緑の地球を取り戻すのは全人類の最大課題。「緑の協力隊」を世界に広げて、日本の植林文化で緑の地球を取り戻そう。

（第一章）

稲作で世界に貢献

カロリー自給率37％の日本。主食であるコメは97％。

生産量、栄養価も高く連作可能な稲作、ご先祖が守り続けてきた水田を生かし、稲作文化を世界に広げ、飢餓ゼロの世界の実現に貢献する。

（第二章）

水田が果たす役割

水田は米を生産し、地下水を涵養し、砂漠化を食い止め、土地の劣化を阻止・回復し、生態系を保護回復する。水田に張った水は気温を調節して、温暖化対策に貢献している。

（第二章）

飢餓ゼロを目指して

2020年の世界の飢餓人口は8億人超。
食料援助は対症療法。
各国が、食糧の援助依存と輸入依存から抜け出すことが飢餓ゼロの道。
もちろん日本も含めて…。
（第二章）

エネルギー革命の時代

美しい夜景こそ豊かさの証明。しかし、世界の未電化人口は10億人。

二酸化炭素の排出ゼロ、エネルギー効率が高く、送配電の必要がなく、運べる発電設備で、エネルギー革命を。

（第三章）

水素エネルギー

「水素、蓄電、分散型エネルギーの推進」は、経済産業省の2030年に向けた基本方針。

水素生産、その水素から発電する燃料電池、大容量の蓄電と運搬技術は、日本が世界の最先端。日本発のエネルギー革命が始まる。

（第三章）

世界のどこでもできる教育

5900万人の子供が小学校にも通えていない。学校がなく、教師もいない。そして子供が貴重な労働力だから…。

でも大丈夫。ICTと燃料電池があれば、世界のどこでも、学校がなく、教師がいなくても質の高い教育ができる。

（第四章）

日本発・寺子屋の普及

7億7300万人が読み書きができない。大人も子供も一緒に学習できる「日本発・寺子屋」を、ICTと燃料電池が可能にした。

みんなが読み書きができる世界に向けて、日本の最大の世界への貢献となる。

(第四章)

誰一人取り残さない幸せを

持続可能な開発目標（ＳＤＧｓ）の基本は「誰一人取り残さない」である。

人は皆幸せになるために生まれてきて幸せになるために生きている。モノやカネの豊かさだけでは幸せになれなかった。心の豊かさを加えよう。

表紙の操り人形の作品名は「カタバミ」

カタバミは、世界中どこにでも自生している多年草。日本でも道端や庭や畑など地面を這うように自生しています。ハート形の葉が3枚、5月から10月ごろになると黄色く可愛い花を咲かせます。繁殖力が非常に強いのが特徴です。

昔、真鍮の鏡や仏具などを、カタバミの葉で磨いていたことから、「輝く心」という花言葉となりました。

鏡や仏具は当時の人々にとって最も大事なもの。それを磨いて喜ばせ、母のような優しさを感じさせたのは間違いありません。そこから「喜び」と「母の優しさ」が花言葉になったという解釈も成り立ちますね。

また、フランスやスペイン、イタリアなどキリスト教社会では、カタバミは「ハレルヤ」と呼ばれイエス・キリストの復活に歓喜し感謝する意味と、聖母マリアを表す意味で「喜び」と「母の優しさ」が花言葉となりました。

もう一つの花言葉を忘れるわけにはいきません。
「あなたと共に」です。

表紙にある「輝く心と学ぶ喜びを」は、
カタバミの心が「読者の心の中に共にあって欲しい」
という著者の切なる願いなのです。

豊かな地球を守り続けよう

10代からの
サステナブル
持続可能な社会をめざして

輝く心と
学ぶ喜びを

野田将晴

はじめに

人は、何のために生まれてきたのでしょうか？

そして、何のために生きているのでしょうか？

その答えは、

「人は皆、幸せになるために生まれてきて、幸せになるために生きている」

です。この答えに例外はありません。

ですから、政治も、経済も、教育も、宗教も、科学も、芸術も、医療も、全ての産業も、人間の営みは、幸せになることを目的として存在します。

そうです。文化や文明は幸せになることが目的なのです。


しかし、高度に文明が発達した現代に生きる僕たちは、皆が幸せを感じているのでしょうか。

開発途上国ではその現代の発達した文明の恩恵にも浴することができないで、飢餓や病や「専制と隷従、圧迫と偏狭」の政治に自由を奪われ、戦争や内乱で生きる権利すら危機にさらされている多くの人々がいます。

日本も例外ではありません。近年、内閣に孤独問題担当の大臣（兼務）が新設されたのを見ても、孤独化が日本社会に深刻な影を落としていることがわかりますね。お年寄りの「孤独死」や、働き盛り世代の「引きこもり」、そして子供たちの「いじめ、不登校」などです。

高度な文明、科学技術の進歩がありながら、その恩恵をなかなか受けられないばかりか、むしろ格差さえ広がる現実が国際社会にはあるわけです。

国連では、２０００年９月、１８９の国が参加した3日にわたるミレニアム・サミットに続き開催した総会で「国連ミレニアム宣言」を採択しました。

そして２０１５年までに達成すべき国際社会共通の目標としてミレニアム開発目標（ＭＤＧｓ）をまとめました。目標は８つです。

１．価値と原則
２．平和、安全および軍縮
３．開発および貧困撲滅
４．共有の環境の保護権
５．人権、民主主義および良い統治
６．弱者の保護
７．アフリカの特別なニーズへの対応
８．国連の強化

ＭＤＧｓの目標を掲げて15年間、取り組んだ結果として多くの命が守られ、人々の生活環境が改善され、世界全体で多くの成果がみられたということです。

その一方で、国や地域によって目標の達成に差があること、さらには国内においても地域や性別、年齢等による格差が生じており、ＭＤＧｓの恩恵を受けられていない〝取り残された人々〟の存在が明らかになったというのです。

国連はＭＤＧｓの結果を受けて、２０１５年9月の総会で「２０３０年行動指針(アジェンダ)」を採択し、17の目標を定めた「持続可能な開発目標」をまとめました。

それがＳＤＧｓ（エスディジーズ）（Sustainable Development Goals）です。

目標はＭＤＧｓの８つから17に増えていますが、なぜか消えた項目もあります。２０１５年時点で国連は17項目を決めて〝誰ひとり取り残さない〟世界をめざしたということです。

〝誰ひとり取り残さない〟世界をめざすには、持続可能な社会を作ることです。

そのためにどう取り組んでいけばよいのか。

ＳＤＧｓ（持続可能な開発目標）に関連するいろんな本を読んでみました。

そしてやっと、一つだけわかりました。

これはゴールなんだと。

ＳＤＧｓのＧは、ＧＯＡＬの頭文字ですからね。

そのゴールは誰も行ったことがありません。当然誰もみたこともありません。

だからわからなかったんだと。

分からないけど、なんとなく、そのゴールに向かっていけばいいのだろうと思って、みんな勉強しています。

しかし、スタートラインが見えていないのです。

何を、どこから、いつスタートすればいいの？

その答えを考えました。そしたらとても身近なところにスタートラインがはっきり見えてきたのです。

そして、それが見えたときが、スタートの号砲が鳴ったときなんだということまでわかってきました。この本は、サステナブル・持続可能な社会を実現するために、何を、どこから、いつスタートすればいいかを書いた本です。

そうです。今、君から始まる新しい時代へ向かってスタートラインの本なのです。

なお、本書は『10代からのＳＤＧｓ』（野田将晴著）の趣旨をそのままに、改題し出版しました。

目次

序章

地球が生まれて46億年。哺乳類が誕生して6、600万年。人類の祖先が誕生して500万年。それが、わずかこの数百年間で、人類は様々な問題を起こしてしまいました。

このままでは、人間は生きていけなくなるかもしれない。

このような状況に直面して、僕たち人間は、何か大事なことを忘れてきたのではないかという問いかけから「持続可能な開発目標（SDGs）」は始まったのだと、僕は理解しています。君はどう思いますか。

僕たち人間は、この数世紀、ひたすらモノとおカネの豊かさを求め続けてきました。その結果が今の状態ですよ。

そうです。モノやおカネだけでは幸せにはなれないということに世界のみんなが気付き始めたのです。

では、モノやおカネの豊かさは必要ないのかというと決してそうではありません。

人間が人間らしく生きていくためにモノやおカネは欠かせません。

しかし、現代社会の様々な矛盾が僕たちに伝えようとしているのは、本当の幸せは、モノやおカネだけでは得られなかったという結果なのです。

今、僕たちがしなければならないことは、「人間にとって本当の幸せとは何か」ということを問い直すことだと思います。これなくして「持続可能な開発目標」は無意味になってしまいます。だって「持続可能な開発目標（ＳＤＧｓ）」が掲げた17の目標全ては、人間が誰一人取り残されないで幸せになれる世界にしようという目標なのですからね。

では、僕たち人間にとって本当の幸せとは何でしょうか。

それは「人（他者）を幸せにした時に感じる心の充実感と喜び」のことだと思います。何故なら、人間の本質が「愛」だからです。

そしてそれは、人と人が助け合い、分かち合う絆と共同体の中にあるのです。

ですから自分だけが幸せになればいいと思って行動して幸せには決してなれないのです。そのことを、いつの間にか気が付かないうちに、世界のみんなが忘れていたと思うのです。

僕は、みんな持続可能な開発目標（ＳＤＧｓ）の大事な点を錯覚していると思えてなりません。それは、持続可能な開発目標（ＳＤＧｓ）とは、モノやおカネつまり物質的な豊かさを２０３０年以降の未来にも持続させることであり、人類が誰一人取り残されないでこの物質的な豊かさを共有できるようにするということだと、未だに信じ込んでいるようなのです。

しかし、それは根本的に間違った解釈です。

現代文明がぶつかった大きな壁は、今までのモノやおカネの物質的な豊かさを追求する開発には限界があったということですよ。それはそうです。この地球が有限なのですから、人間の経済活動が無限に成長できるはずがなかったのです。

ですから、持続可能な開発目標（ＳＤＧｓ）の本当の意味は、モノやおカネだけではなく、むしろ「精神的な豊かさつまり幸せをより大きく、誰一人幸せから取り残されることなく、共有できる世界にしましょう」という意味と理解すべきなのです。

「幸せ」なら無限にどこまでも大きく開発し成長させていくことができますからね。

結局、持続可能な開発目標（ＳＤＧｓ）が目指しているのは従来のＧＤＰ一辺倒だった価値観を「社会幸福度指標を新たに作って、やっていこうよ」という目標だということです。

そのことについては、コロンビア大学のジョセフ・スティグリッツ教授の論文「さらばGDP新たな社会幸福度指標の提案」に、「ダッシュボード」という新しい幸福度指標が紹介され既にいくつかの国で政策決定に組み込んでいるという報告もなされています（出典：『別冊日経サイエンス科学がとらえた格差と分断 持続可能な社会への処方箋』）。

モノやおカネだけではなくて本当の幸せを人類全体が、一人も取り残されることなく、共有できる未来を創造するのです。

キーポイントは「日本文化」にあります。この本は、そのことを明らかにしながら、「まず日本の社会でモ

子供達の未来のためにも思いを寄せて

デルを建設し、それを世界に広げていこう」という内容になっています。


スタートするに当たって、守って欲しいことが二つあります。

一つは、「隗《かい》より始めよ」というルールです。

意味は国語の授業で習ったかもしれませんが、「大きなことをするには、まず身近なできることから始めなさい」という意味です。古い中国の言い伝えからきているようですが、元の意味は若干違うようです。

「千里の道も一歩から」という言葉もあります。「ゴールは遠くてどんな所か想像もできないけれど、まず一歩踏み出す勇気が大事だよ」という意味ですね。


もう一つは、スタートしたら「上を向いて歩こう」ということです。

ここで「上」というのは「ゴール」のことです。見えないゴール。

見えないけれど想像はできます。そうです。ゴールは見えないから想像できるのです。

どんな想像でも必ず実現します。だから君の想像は正解なのです。

想像しながら歩く。こんなに楽しいことはありません。だって自分が想像した素晴らしいゴールに向かって一歩一歩近づいているのですからね。

走らなくていいんだよ。ゆっくり周りの景色を楽しみながら、ゴールを想像しながらね。

具体的にはサステナブル・持続可能な社会を実現するために、持続可能な開発目標（ＳＤＧｓ）の中から、
目標２「飢餓をゼロ」

目標４「質の高い教育をみんなに」

目標７「エネルギーをみんなに。そしてクリーンに」

目標14「海の豊かさを守ろう」

目標15「陸の豊かさを守ろう」

を取り上げます。

実現に向けての具体策を日本発として提案したいと考えたからです。

というのは、持続可能な開発目標（ＳＤＧｓ）は２０３０年までに達成しようとしていますが、そのための具体的な対策は、それぞれの「裁量」に任されているからです。

自治体や企業、学校、そして僕たち一人ひとりが考え、行動することとなっているのです。

その方針を受けて、君や僕たち一人一人が自分の問題として、何を、どのように考え、いつどこからスタートするかを一緒に考えていきましょう。

コラム

ピーター・ドラッカー

「西洋の歴史では数百年ごとに社会の大変化が起きている。世界観、基本的価値観、政治構造、美術、中枢機関の全てが再編され、新しく生まれてくる子供たちにとってはその祖父や両親が生きてきた社会など、想像することもできないだろう。私たちはそのような変化の中に生きているのだ。」

J・S・ミル「自由論」より

「自由の名に値する唯一の自由は、我々が他人の幸福を奪い取ろうとせず、また幸福を得ようとする他人の努力を阻害しない限り、我々が自分自身の幸福を自分自身の方法において追求する自由である。」

美しい雲海

海は私達に様々な恩恵をもたらしてくれる。時には荒れながら……

第1章　海と陸の豊かさの復活

第1章で取り上げる持続可能な開発目標（ＳＤＧｓ）

目標の14　【海の豊かさを守ろう】
持続可能な開発のために海洋・海洋資源を保全し、持続可能な形で利用する

目標の15　【陸の豊かさも守ろう】
陸の生態系の保護、回復、持続可能な利用の推進、持続可能な森林の経営、砂漠化への対処、並びに土地の劣化の阻止・回復及び生物多様性の損失を阻止する

第1章で目指すスローガン

「今、君から始まる　海と陸の豊かさの復活」

目標

日本にしかない植林・育林の文化を世界に展開することで、海と陸の豊かさを復活する。

はじめに

日本は海に囲まれた島国であることは言うまでもありません。

一方で、飛行機で国内を旅行すると分かりますが、狭い国土はどこもかしこも緑でいっぱいです。

昔、ペルーのアルベルト・フジモリ元大統領が、ペルーで政変がおきて日本にしばらくの間身を寄せておられた時期がありましたが、ある方の依頼で、鹿児島空港から鹿児島市内のホテルまでお送りしたことがありました。大みそかのことでした。

後部座席にお座りになった大統領は、高速道路の光景を食い入るように見ておられましたが、一言、日本語で、

「なんて美しいんだ。日本は何処に行っても緑の山ばかりだね」

と、隣に座っている僕に話しかけられたのが忘れられません。

冬の山ですから僕の目には鮮やかな緑には程遠いくすんだ山にしか見えなかったのですがね。

その日のホテルでの少人数の食事の際、大統領に質問しました。

「大統領閣下、ペルーの山は緑ではありませんか」と。

大統領は寂しげな顔で
「岩山ばかりで緑はとても少ないです」

お答えになったとき、故国ペルーの将来への憂いと、父祖の地日本へのあこがれが伝わってきて、思わず落涙したことを思い出します。

フジモリ大統領のご両親は熊本からペルーへ移民されていますから、父祖の地九州への強い望郷の思いがあったのでしょうね。

緑豊かな日本の山々

さて、本論です。

1で、世界の森林減少の実態について報告します。

2として、熊本産アサリの産地偽装問題が、令和4年2月2日の新聞などで大きく報道されていましたが、この事件は、実は山と川、そして海につながるとても重要な教訓を僕たちに与えてくれています。そのことについて報告します。

3では、日本の伝統文化である「植林」について、改めて学習しておきましょう。

4は、日本の古来からの「自然観」を学び、その「自然観」を基本思想とした「緑の協力隊」構想を発表します。

1. 世界の森林減少

地球温暖化の原因とされている二酸化炭素（CO^2）を、森林は光合成で吸収し酸素を出すことから、温暖化対策の決め手として注目を集めてきたことは、君も知っていると思います。

ところがその森林が、地球上からどんどん減少しているのです。まずその実態から学びましょう。

〈世界の森林減少（環境省）〉

世界の森林面積は、約40・3億ヘクタールです。全陸地面積の約30・7％に当たります。しかし世界の森林は減少を続けているのです。

毎年520万ヘクタールが減少し続けているというのです。特に、南アメリカ、アフリカなどの熱帯の森林を中心に、減少面積が大きくなっています。

2000年から2010年の間、森林の減少が大きかったのは、ブラジル、オーストラリア、インドネシア、ナイジェリアなどです。

オーストラリアは干ばつが続いたことによる森林火災が主な原因です。他は農地への転用が主で、続いて薪としての過剰採取、つまり燃料としての採取です。

森林が減少すると、森で暮らす多種多様な生物が生きていけなくなります。こうして多くの生物が絶滅していきましたし、絶滅危惧種の生物が日々増えていくのです。

この実態を受けて、持続可能な開発目標（ＳＤＧｓ）の目標の15が宣言されたのです。

実は、森林と、海の環境とは密接につながっています。

海で蒸発した水蒸気は雲となって陸地に雨を降らせ、森に降った雨は、地下水となって国土を潤し、山を流れ落ちた雨水は森の豊富な栄養分を含んで川に流れます。川は海に流れてその栄養分でプランクトンが育ち、プランクトンを小魚や貝類が食べて育ち、その小魚をもっと大きい魚が食べ、それをさらに大きな魚が食べるという、食物連鎖で海の豊かな生態系が維持されているのです。

ですから山つまり森林が減少すると、そのメカニズムが崩壊して、海で暮らす魚などの生物も生きていけなくなるのです。

2. 熊本県産アサリが危機に!!

(1) 有明海の干潟は天下一豊かな海だった。

日本人には、忘れられない日本料理の味がいくつもあります。海外生活を経験すると分かります。その中の一つにアサリ料理があります。

アサリの味噌汁、潮汁、アサリのバター焼き、炊き込み飯等…。

九州の有明海は広大な干潟で有名ですが、アサリやハマグリの生育にぴったりの環境で、昔は、裸足では干潟は歩けなかったそうです。マテ貝がどこかしこと立っているし、アサリやハマグリを踏みつけて怪我をするからです。それほど豊かな海だったのです。

その有明のアサリが危機に立たされているのです。

(2) 熊本産アサリ産地偽装事件

まず新聞報道（産経新聞4年2月2日）から紹介します。

〈見出し〉「**熊本県産アサリ大半外国産混入の疑い**」

〈**記事の主旨**〉

「農水省は、熊本県内の漁獲量を大幅に上回る量のアサリが同県産として販売されている疑いがあると2月1日発表した。」

そして

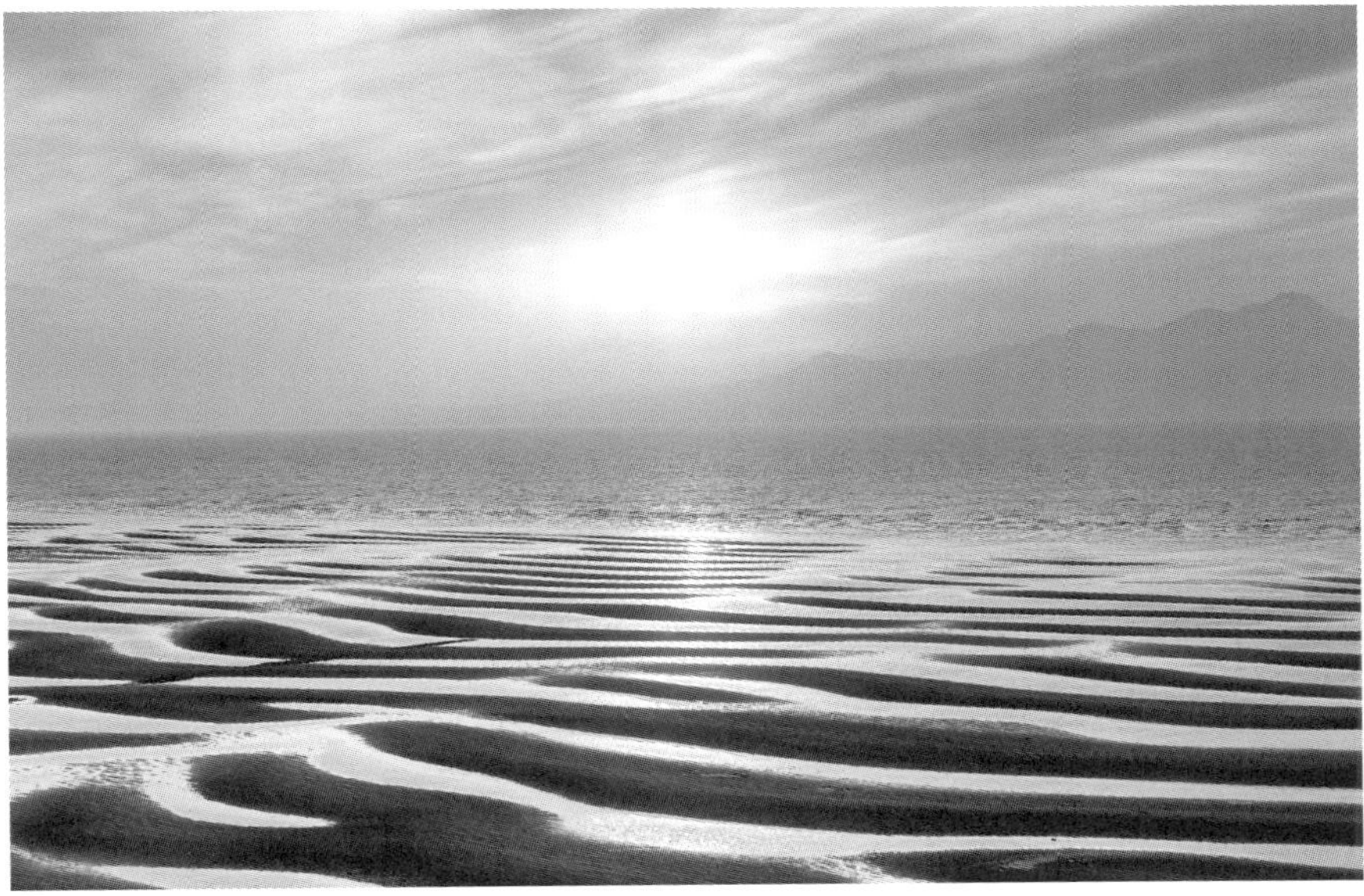

有明海の干潟

「全国の広域小売店を調査した結果、大半に外国産アサリが混入している可能性が高いとみている。」

というのです。

「熊本県産とされるアサリの推計販売数量は調査期間の3か月間で「2585トン」となり、令和2年度の「熊本での年間漁獲量21トン」を大幅に上まわった。」

という報道でした。

次に、地元紙（熊本日日新聞2月2日）の報道です。

〈見出し〉「県産アサリ出荷停止」

〈記事の主旨〉

『熊本県知事は、この異常事態を受け、「熊本のブランド全体の信頼を揺るがす危機的状況。犯罪だ」と述べ、2か月間の生鮮アサリの出荷停止を命じ、実態の調査に乗り出し、産地偽装のアサリの根絶を目指すことを発表した。』

要するに、「年間の熊本でのアサリの漁獲量が21トン」しかないのに、熊本産と偽装して全国の小売店に出回ったアサリが「3か月間で2、485トン」で、それらの「偽装熊本産」アサリが、中国などの外国産だったということです。

3か月の販売量2、485トンは、これは熊本での年間漁獲量の実に「118倍強」に当たります。

（3）熊本産アサリの漁獲量の推移

ここで熊本産アサリの漁獲量の推移を見てみましょう。

〈熊本県産アサリの漁獲量の推移（熊本県水産振興課調べ）〉

昭和52年（1977年）6万5、700トン
昭和40年代後半～50年代前半にかけて漁獲量日本一
平成9年（1997年）1、009トン（対1971年比1・53％）
平成30年（2018年）527トン（同0・8％）
令和元年（2019年）339トン（同0・5％）
令和2年（2020年）21トン（同0・03％）

令和2年は球磨川流域に甚大な被害をもたらした豪雨の影響だったとはいえ、年間漁獲量はた

ったの21トンです。かつて熊本県は、タイと車エビとアサリの漁獲量日本一を誇っていたのに、いつの間にかこの体たらくです。

最盛期の0・03％でしかない。災害がなかった前年2019年の339トンでも、同じく最盛期の0・5％でしかないのです。平成期になって、激減を続けてきた結果です。

(4) 漁獲量激減の原因

減少し始めた昭和後期~平成初期ごろから、行政・漁業団体あげて原因の調査と研究が行われました。その中で原因として指摘されていたのは次の通りです。

ア、農薬、特にジャンボタニシの駆除剤の影響

ジャンボタニシは南アメリカ原産。日本には1981年ごろ食用として養殖用に東南アジアから持ち込まれ野生化した外来種。稲を食害することから防除対象になっています。巻貝としては極めて大型で、最大5、6センチにもなります。鮮やかなピンク色をしていて非常に目立ちます。

少し暖かくなって田植え時期になってくれば、田んぼ周辺の水路の壁面などにびっしり張り付いていて気味が悪いほどです。

このジャンボタニシは実に厄介で、強い農薬でないと駆除できないのです。その駆除剤が

有明海に流れ込んで、魚介類に影響を与えているという説。

イ、緑川上流域の森林の荒廃

アサリ漁場に流れ込む緑川（1級河川）の上流域の山林が、伐採後の山肌のむき出しが目立っていたり、森の管理に手が届かないで荒れていて、降雨があると山肌の土砂が流され、緑川に流れ込み、それが有明海に至って土砂が堆積して、アサリなどの稚貝を窒息させているという説。

ウ、密漁による乱獲

最盛期から、地元漁協や県当局、海上保安庁などの監視の目をかいくぐっての密漁が相次いでいて、これによる乱獲が原因とする説。

等々、諸説ありましたが、一つに原因は絞られません。全ての要因が重なって複合した結果であることは疑いようもないと、当時は判断されていました。

(5)「漁民の森」～荒れた森を植林して海を守ろう～という運動が始まった!!

①立ちあがった地元漁民

注目すべきことは、この報告があって、「緑川流域の森林の荒廃」を修復して、有明海を守ろうという動きが，地元漁民などを中心に巻き起こったことです。

「漁民の森」の立ち上げがそれです。

日本一だったアサリの漁獲高が年々減少していく状況に危機感を持った地元の漁業者を中心にした若い人たちが呼び掛けて、県内各地から賛同者が集まったのです。

そして定期的に、自治体や林野庁の協力のもと、緑川上流域の荒廃した森林に「植林」や「育林」の活動が始まったのでした。

若い人々だけではなく、お年寄りから小中高校生まで含めた大勢の人々が手弁当を下げて参加し、準備された多種多様な広葉樹の苗木を1本1本植林する光景は、その都度テレビや新聞で報道され、有明海の環境への問題意識はいやがうえにも県民の間に高まっていったのは言うまでもありません。

全国的にも高い評価を受けて表彰されたことも一度や二度ではなかったと思います。

②国策としての本格的な取り組みが必要

このような県民の努力にもかかわらず、残念ながら、アサリの漁獲量が年々落ちんでいったのは、先に漁獲量の推移で報告した通りです。

一度崩壊した自然環境は、そうそう簡単には元に戻らないのです。民間の長く地道な努力とともに、本格的な国策としての活動が必要なのです。

壊すのは簡単です。しかし修復するのは長い時間と努力が必要です。おカネもかかります。

(6) 日本全国に広がった「植林」活動

①宮城県のカキ養殖を守った「漁師たちの森づくり」(森は海の恋人)

植林を終えた山の風景

〈名産のカキが「血ガキ」になって売れない！〉

宮城県の海の名産カキが血の色のように赤くなって、売れなくなったことが、昔ありました。調査すると原因は、赤潮プランクトンをカキが食べていたからだと分かりました。

森が荒れ、川の周辺の工場排水、家庭排水や田や畑からの農薬などが海に流れ込み、カキが好むケイソウ類のプランクトンが育たなくなった結果でした。

気仙沼の畠山重篤さんをはじめカキの生産者の皆さんが立ち上がり、森の再生を始めました。植林です。この運動は「森は海の恋人」という素敵なタイトルが付けられ、一躍話題になり、国を始め県や市、生産者組合、マスコミなどの協力もあって、川周辺の企業や住民の環境に対する意識が高まり、やがて海は元のキレイなケイソウ類のプランクトンが育つ環境に戻ったのです。

②北海道全域で行われていた植樹（お魚増やす植樹運動）

昭和62年（1987年）北海道漁業協同組合婦人部は役員会で「お魚増やす植樹運動」への取り組みを決定し、この運動は北海道全域に広がりました。

漁業関係者と消費者団体及び農業関係者が協力しあっての理想的な住民運動に発展し、1994年には農林水産大臣賞を受賞し、大きな盛り上がりとなりました。

③「全国漁民の森サミット」の開催

これらの各地の動きを受け、平成10年（1998年）「全国漁民の森サミット」が東京で開催され、植樹（植林）活動は全国20道県に広がりました。

山と海の命をつなぐ小川

（7）熊本産アサリ産地偽装事件の教訓

漁獲量が激減していく中で地元の漁民の皆さんを中心とした「海を守るために森を守ろう」という「漁民の森」の努力が裏切られた形で、今回の産地偽装事件が起こりました。

しかし、漁民の森運動は持続可能な開発目標（ＳＤＧｓ）の運動に貴重な教訓を残しました。海と陸の環境を守る切り札は世界のどこであろうとも、「植林育林の活動」であるという教訓です。

そしてその教訓は、アサリの漁獲高が激減し始めたという危機感から有明海を守ろうと起ち上がったあの時の情熱が火種になると思います。

そして宮城の「森は海の恋人」運動や北海道の「お魚増やす植樹運動」にかかわってこられた皆さんや、全国各地で同様の活動にかかわってこられた多くの皆さんが世界の植林活動のモデルとなっていくと思います。

ですから「漁民の森」は、決して無駄ではなかったのです。

世界の人々に勇気と志を与えて大きな花を咲かせることになるのです。

3．日本の伝統文化である「植林」について

（1）植林は日本古来の文化

①植林は国土を守る活動

さて、植林について少し学習しましょう。

植林とは、主に木材生産や森林の保全を目的として、伐採後の土地に苗木を植えたり、種子をまいたり、さし木をしたりして、森を再生し育成する作業のことです。

植林は、地盤の安定、水資源の確保、生態系の保全、防風、防砂など、国土を守り、そして木材の需要に備えるという目的があります。そして海の環境まで守ってきたのです。

日本の国土は、全森林面積の約４割がスギやヒノキなど植林で生まれた人工林です。

ただし植林以前は自然林でした。主に戦後の復興で必要だった建築用の木材が伐りだされ、その後に次の需要に備えて建築材のスギやヒノキが植林されたからです。

今からの植林は、これらのスギやヒノキだけではなく、自然林に近い広葉樹林も少しずつ面積を広げていかなければなりません。

何故なら、スギやヒノキなどの針葉樹は根が直根ですから倒れやすく災害に弱いのです。成長がはやい分、二酸化炭素（CO_2）を固定する量は多いですが、成長するに従って年間の固定するCO_2の量は減少していきます。

広葉樹は、根が横に広がりますから倒れにくく、地盤が安定します。二酸化炭素（CO_2）の吸収も大きく、落葉しますから腐葉土は土壌を豊かにして微生物を育てて、陸の生態系を守り、結果的に海を豊かにしてくれるからです。

※参考

世界資源研究所（ＷＲＩ）２０２１年１月21日発表によると、２００１年から２０１９年の間、世界の森林は、伐採などで年間平均81億トンのCO_2を大気中に放出し、一方で年間１５６億トンのCO_2を吸収していた。

②植林と日本文化

古代から広がる日本の天然の森は、日本の自然環境に恵まれ多様な植物が密生して

植林で育っている杉の木

きました。そして中世までは、山や森は人々の信仰の対象ともなり、大事にされてきました。

植林の日本最古の記録が日本書紀にあることを、僕は今回この本を書くに当たっていろいろ調べている中で初めて知りました。

須佐之男命《スサノオノミコト》が、木材の種類に応じた利用や、木の種を播いて森を育てることなどについて、教えられている記述です。


実際に植林したという痕跡は、室町時代後期になるようです。

戦国時代には、城や寺社仏閣の建設が相次ぎ、加えて河川の流路改修なども加わり、木材の需要が高まり、森林資源はとても貴重になりました。そして伐採後の森は次の需要に備えて植林し育てる育林活動が活発になったのです。

この点は大事なポイントです。植林を絶やさなかったから、森に囲まれた今の日本があるのですからね。日本の国土は狭く、急峻な山から急流の川が流れ、すぐ海岸線に至るという地形です。ですからもし先人が植林という文化を持たなかったらどうなっていたでしょうか。日本列島はとっくの昔に山は岩山ばかり、雨が降るたびに平野部の表土は濁流に流されて砂漠化し、海は濁り魚介類は育たず、日本民族は途絶えていたかもしれません。

江戸中期になると、植林や育林の技術が進歩し、「密植」や「間伐」、「枝打ち」「下刈り」などで80年から100年かけて育てる「長伐期《ちょうばつき》」などの独自の技術が生まれました。

（「森林・林業学習館 https://www.shinrin-ringyou.com」：「樹木図鑑」成美堂出版を主に参考にさせて頂きました）

③歴代天皇に受け継がれてきた森と海を育てる行事

昭和天皇から、上皇陛下、今上陛下と受け継がれてきた毎年開催される「全国植樹祭」や「全国豊かな海づくり運動」での、天皇皇后両陛下による「記念植樹」や「稚魚の放流」は、自然に感謝し、自然と共生し、自然を育てる日本独自の文化のお手本となっています。まさにＳＤＧｓの先駆けです。

なお、全国植樹祭の後、開催県では毎年秋に「全国育樹祭」が開催され、ご皇族のご参加の下、枝打ちなどの育樹活動で、国民の森を愛する心を培う行事が行われています。

熊本県天草の海沿いのある中学校の校長先生は、毎年阿蘇で開催される全国育樹祭に生徒を引率して参加させられたそうですが、以来生徒たちの森を育てることと海を守ることの意識が高まったと、述懐しておられたことがとても印象に残っています。

（2）世界の砂漠化

他の国々では植林の文化がなかったので、既に砂漠化し、あるいは砂漠化が進行している面積は、地球の陸地面積の27・9%に当たることが国際会議などで報告されています。

将来砂漠化する危険性が高い乾燥地帯を合わせると全陸地面積の43・1%まで拡大していることも報告されています。

地球上で1年間で砂漠化している面積は、秋田県と岩手県を合わせた面積を超えるというのです。

このままでは、縮小を続ける森林面積（2015年で全陸地面積の30・7%まで縮小）より砂漠の面積が広くなってしまいます。

4．日本古来からの自然観を取り戻そう

(1) 日本古来の自然観

日本の文化は、人間も自然の一部であり、山川草木国土悉皆成仏《さんせんそうもくこくどしっかいじょうぶつ》、「人間や動物はもちろん、山や川や海、草木や国土も神や仏の命が宿るという思想」が基本になっています。

自然界にある命あるもの、ないもの、有機物、無機物の全てに命があり、人はその一部であって、共に生かされているという思想が基本です。

そこから植林などの文化も生まれ育ってきたのですね。

（2）西洋の自然観

一方、西洋の自然観は、基本的に違っています。

日本を代表する哲学者でモノづくり大学総長や国際日本文化研究センター名誉教授などを務められた故梅原猛博士の言葉を紹介しましょう。

「～基本的に自然を支配する人間中心主義である西洋近代合理主義は、科学技術文明を生み出して人間の徹底的な自然支配がはじまった。これは人類に大変豊かで便利な生活を与えた半面、近代合理性の限界を示して環境破壊という影を落としている。」

西洋の物質文明と日本の精神文明の融合した日本モデルをつくろう

山川草木国土悉皆成仏

この梅原博士の言葉に、現代の国際社会が直面している問題の本質が指摘されていると思います。

つまり、持続可能な開発目標（ＳＤＧｓ）は、この梅原博士の指摘を受け止めて、西洋近代合理主義からの脱皮をなさない限り、解決しないと言っても過言ではないのです。

しかし近代合理主義の恩恵にあずかった以上、これから抜け出すことは現実的には不可能です。この物質的に豊かで便利な文明を捨てて、昔の貧しく不便だけれど心は豊かな社会に戻れるはずはないですからね。

方法は一つです。

西洋近代合理主義が築いたこの豊かさと便利さはいわば物質文明です。この物質文明だけでは限界があったと分かったのですから、これはこれで持続しながら、日本的価値観（精神文明）でさらに進化させていくことです。

忘れてならないのは、僕たち日本人も明治維新以来、一貫してこの西洋近代合理主義を学び、西洋に追い付け追い越せの合言葉のもとに一心不乱になって今の物質的な豊かさを築いてきたという事実です。

ですから、西洋の物質文明にも通じている僕たち日本人が、日本古来の価値観・自然観を取り戻して、近代合理主義に融合させ、危機に立つ世界を救うという構想力と気概を持つことが求められているのです。
これこそ持続可能な開発目標（ＳＤＧｓ）が掲げる「持続可能な開発」です。

つまり、「山川草木国土悉皆成仏」の日本文化の価値観が現代文明に融合した日本モデルを若い君たち一人一人が創っていく姿勢を持つこと、そこからすべてが始まるのです。

（３）「緑の協力隊」構想

①自分で自分を任命する「緑の協力隊員」

その具体的な実践が植林です。日本人が今も残っている日本の古来の文化「植林」の技術を駆使して、「西洋近代合理主義が生み出した砂漠化を食い止め、土地の劣化を阻止・回復し、生物多様性の損失を止める」のです。

それは合理主義と物質主義に偏重してきた近代日本への僕たち日本人の反省であり「原点に還れ」という危機を乗り越える際の日本の叡智であり歴史的な法則を、行動に表すということです。

その具体的な取り組みとして、「緑の協力隊」構想を提唱したいと思います。

モデルは、有明海を守るために立ち上がった「漁民の森」や宮城や北海道等全国的に広がった取り組みです。

これをモデルにまず若い君たち一人一人が「緑の協力隊員」になるのです。

「緑の協力隊」には規約もなければ制約も義務もありません。

隊員の資格は「植林活動が大事だ」という意識を持っていることだけです。植林の大切さに気が付いた人は、自分で自分を「緑の協力隊員」に任命するのです。

そして自分にできることを身近なことから始めようということです。

木について勉強するもよし、植林の勉強をするもよし。森に行って木と語るもよし。

その積み重ねが、国民の植林への行動となっていくと思われるのです。

それは、必ず日本国内に広がり、日本の国策として、砂漠化の脅威に怯える地球上の各地で「日本モデル」として注目され、各国で「緑の協力隊」が結成され、この地球に再び森林が拡大していく時代が来るのです。

その時、日本の緑の協力隊の若者たちが世界を指導するのです。

②スタートラインは「木の勉強」

「緑の協力隊」の隊員のスタートラインは、すでに述べました。繰り返しましょう。

木について勉強する。植林について勉強する。

木には広葉樹や針葉樹などをはじめ多くの種類の木があります。そしてそれぞれが優れた特徴を持っています。

植林をする以上その樹木が持つ特徴をよく知って、その土地にあう樹種を選ばなければなりません。

木のことを知れば木が好きになります。木が好きになってこそ植林したいという気が湧いてきます。それから次の行動を考えればいいのです。

木について勉強を開始する。これがスタートラインの一つです。

「隗より始めよ」です。身近なテーマから、そして今自分にできることからスタートするのです。

第2章　飢餓ゼロ作戦

２０３０アジェンダの１　「人間」

「貧困と飢餓をなくし、全ての人間が尊厳と平等、健康のもとに潜在能力を発揮できるようにする。」

第２章で取り上げる持続可能な開発目標（ＳＤＧｓ）

目標の２　【飢餓をゼロに】

飢餓を終わらせ、食糧安全保障および栄養改善を実現し、持続可能な農業を促進する

目標の15　【陸の豊かさも守ろう】

陸の生態系の保護、回復、持続可能な利用の推進、持続可能な森林の経営、砂漠化への対処、並びに土地の劣化の阻止・回復及び生物多様性の損失を阻止する

第2章で目指すスローガン

「今、君から始まる　飢餓ゼロ作戦」

目標

米食と水田稲作の世界的展開で飢餓をなくし、持続可能で安定した農業で各国の食料の自給体制の構築をする。

〈理由〉

①米は穀物の中で最も栄養価が高く、健康食で、連作が可能な唯一の穀物であり、米の生産は食料の安定確保と持続可能な農業であること。

②水田は、砂漠化を食い止め、土地の劣化を阻止・回復し、生物多様性の損失を止め、結果的に陸の生態系を保護回復すること。

③持続可能な開発目標（ＳＤＧｓ）「飢餓ゼロ」及び「陸の豊かさを守る」は、米食と水田稲作の世界的展開こそがそれを現実化する唯一の方策であること。

1．世界の食料事情

8億人超が食料不足に！

（1）国連5機関（注参照）の報告書「世界の食料安全保障と栄養の現状」（2021年7月）は、「2020年に世界の飢餓が劇的に悪化した。その多くは新型コロナの影響によるものである。2020年は世界人口の約1割以上、アフリカの人口の2割以上の、最大で8億1、100万人が栄養不足に陥った。」と、発表しました。

これは2030年までに飢餓をなくすという持続可能な開発目標（SDGs）の約束を世界が守るためには大変な努力が必要であることを示しています。

前年の2020年報告書でも「何百万の人々、中でも多くの子供たちの食料安全保障が危機に瀕している」ことを世界に向けて発信していました。しかし残念ながら、

「パンデミックは、世界中の人々の命と生活を脅かす食料システムの弱点を露呈し続けている。」と報告書は続くのです。

（注：国連5機関とは）

国連児童基金（ユニセフ）、国連食糧農業基金（ＦＡＯ）、国際農業開発基金（ＩＦＡＤ）、国連世界食糧計画（ＷＦＰ）、世界保健機関（ＷＨＯ）

（2）世界は食料危機を繰り返してきた

今まで世界の食料事情は、食料生産が人口増加に追い付けず、全体的に恒常的な食料不足が続いてきましたが、これに加えて、干ばつなどの自然的要因、戦争や内乱などの人為的要因などで、地域的に深刻な食料危機を繰り返してきました。

その都度、不十分ではあっても、各国が食料援助（援助輸出）をすることで対応してきました。しかしそれは対症療法に過ぎず、根本的解決には程遠く、今回の感染症の世界的な大流行というパンデミックに際して、その「食料システムの弱点を露呈し続けている」と、国連の報告書は訴えているのです。

（3）「食料システムの弱点」とは途上国の食料の「輸入依存・援助依存」のこと

①栄養不足は、ほとんどが開発途上国

国連の報告書の「２０２０年の世界人口の約1割以上、アフリカの人口の2割以上の、最大で

8億1、100万人の栄養不足人口」は、そのほとんどが開発途上国です。

これらの途上国における「食料システム」の現状は、「輸入依存・援助依存」体質です。

これこそが、国連報告書にいう今回のパンデミックによって露呈し続けている「食料システムの弱点」なのです。

②換金作物型農業のアフリカの農業

特にアフリカの農業の形態が、食料生産よりも換金作物生産農業の方がずっと多いのです。綿花、コーヒー、カカオ、落花生、羊毛、タバコ、茶（紅茶）、サトウキビ、ゴムなどを生産し、これを欧州などの先進国に輸出して得たお金で食料の不足を

田植え（ネパール）

輸入するというシステムなのです。

輸入や援助は、輸出国の事情の変化や、自然災害、国際関係の緊張などに影響を受けて、常に不安定です。

今回は、新型コロナの世界的パンデミックで物資の輸送や交通の遮断、経済活動の停滞等により、食料輸入に大きな影響が出たことが原因です。

③アフリカの農業は植民地時代に強制的に変容させられたまま

アフリカは、19世紀、ヨーロッパによる植民地化が本格化したことで、伝統農業による食料の自給自足が崩れ、強制的にヨーロッパ向け輸出用換金作物に変容させられました。

アフリカの人々は、ヨーロッパ人の経営する綿花やコーヒー農園などで働かされ、安い賃金を得てヨーロッパから輸入された食料を買うというシステムになったのです。

この植民地時代の遺物である換金作物型農業に特化したシステムは、第2次世界大戦後の植民地時代が終焉した後も変わらず今日に至っています。

こうして、アフリカの国々は総じて食料の輸入依存・援助依存から抜け出せず、不安定な状態に、今もあるということです。

④持続可能な開発目標（ＳＤＧｓ）が目指すのは「食料システムの弱点」の改善

国連が持続可能な開発目標（ＳＤＧｓ）で

「飢餓を終わらせ、食料の安定確保と栄養状態の改善を実現し、持続可能な農業を促進する。」と宣言したのは、まさにこのアフリカをはじめとする世界各国の農業を、換金作物生産に偏重した体質から、「食料の自給自足」重視へと軌道修正して「食料システムの弱点」を改善するという意味です。

そして、飢餓をなくし、持続可能な農業で食料を安定的に確保するという構造的な大改革実行の宣言だと理解すべきだと思います。「持続可能な農業」とは、「自給自足」型農業を意味します。『別冊日経サイエンス　科学がとらえた格差と分断　持続可能な社会への処方箋』という雑誌のアシス・コザリ氏の記事によると、インド南部のある村では、村人がわずかな農地で米や雑穀類の在来種を栽培しており、その村では、ロックダウンの間も食料不足にも陥らずCOVID-19にもかかる人がいなかったという報告がされています。

米や雑穀類の栽培は「食料自給型農業」です。地域としてまず必要な食料を自給自足するシステムこそ「持続可能な農業」の基本です。

つまり、持続可能な開発目標（SDGs）の歴史的意義の一つは、パンデミックを奇貨として、植民地時代の負の遺産である「食料システムの構造的弱点」を是正するという点にあるということです。

本書の第2章「食料」では、その根本的かつ具体的な解決法を示し、日本発で世界の飢餓撲滅の貢献に乗り出すことを提案します。

キーワードは「玄米全粒活性粉」

〈玄米全粒活性粉について〉

・劣悪な環境下でも変質も腐敗もせず長期間の保存が可能である。
・水で溶くだけで飲めるから燃料もいらない。（援助物資として最適）
・栄養素は穀物の中の王
十分なカロリーと6大栄養素（タンパク質・脂質・糖質・必須アミノ酸・ビタミン、ミネラル群・食物繊維）をバランスよく含有している。
・小麦粉の3倍以上の表面積（500メッシュ）だから消化吸収がきわめてよい。
・冷めたら固まる米のたんぱく質に含まれるグルテンが「玄米全粒活性粉の特殊な加工技術で冷めても固まらない粉となった」ことで、玄米が粉食として世界性を持った。
（出典：「ライスパワー」豊蔵康博著：ナイスブックス）

2. 日本の食料安全保障

世界を語る前にまず日本です。（農林水産省発表）

（1）日本の食料自給率

①カロリーベースの自給率

昭和40年73％だったカロリーベースの自給率が、令和2年37％まで落ち込んでいます。

②米の自給率

令和元年97％。ただし、米の消費量が激減した状況での自給率です。

国民一人当たり年間の米消費量は、昭和37年度（1962年度）のピーク時で118・3kgから、令和2年度（2020年度）の50・7キログラム（対1962年度比42・8％）に落ち込んでいます。国民一人当たりの消費量が半分以下に消費量が落ち込んだうえでの97％の自給率ですから、

稲刈りの風景

米以外の食料輸入が困難になったときは、多くの国民が飢餓で苦しむことになります。

ですから「食料システムの弱点」という国連の報告書の指摘は、決してアフリカなどの途上国だけの問題ではなく、僕たちの日本の課題でもあるのです。

（2）日本の食料安保は主食の米の生産力

①輸入に頼っている日本の食料自給率

食料の安全保障とは全ての国民が生きていくのに必要なカロリー（一人当たり1日1、800キロカロリー）以上を国家として自給することです。

従って現在の我が国のカロリーベースの自給率38％は、食料の安全保障上極めて深刻な危機的現状にあると言わなければなりません。

もしも、様々な事情の変化で、輸入に頼っている62％のカロリーが輸入できなくなったらどうなるのでしょうか。それを考え対策を講じるのが、国家の最大の使命ともいえる食料安全保障なのです。

②いざという時の米の十分な自給体制

僕たち日本人の場合、いざ食料輸入に支障が生じたとしても、主食のお米さえ十分に確保できるなら、野菜や魚などの海産物は国内で生産できますから、十分な栄養と1800キロカロリー以上は賄えるのです。

ですから消費量が減少したうえでの米の自給率の高止まりを目標にするだけではなく、米増産に基本政策を大転換して、平常時に生じる余剰米をどうするかを考えなければなりません。

すでに政府は備蓄米や飼料用米の方針を実行しています。

3．米が世界を救う

（1）余る米の活かし方3つ

余剰米を玄米のまま粉体化して、国内での米の消費拡大、先進国には健康食として、食料不足で悩む途上国には食料援助物資として定着させることで持続可能な開発目標（ＳＤＧｓ）の目標を達成するのです。

①日本の食料安全保障の柱として

日本の食料安全保障の柱として、米の増産を行うとともに、余剰米の一部を玄米全粒活性粉に加工して、パンや麺などの小麦粉にブレンドして学校給食用のパンなどに採用するなど、結果的にコメの国内消費の向上を実現して日本の食料安全保障の向上に貢献します。

かつて、長崎県、愛知県、北海道、埼玉県、長野県などの一部の自治体で学校給食にこの玄米全粒活性粉をブレンドしたパンを出すなどの実績があります。児童や生徒に大変好評だったという報道もなされていました。(玄米粉をブレンドしたパンなどは美味で栄養価が上がり健康食)

②先進国には健康食として

1977年(昭和52年)、アメリカ連邦議会が承認した「マクガバン委員会の報告書」の内容が世界的に大きな話題になったことがあります。

アメリカ連邦議会の上院に「栄養特別委員会」が設けられ、委員長マクガバン上院議員の名前をとって通称マ委員会とよばれました。その頃から先進国で社会問題となっていた成人病対策のためのものでした。

マ委員会は2年間にわたって世界中の専門家を招き200回に及ぶ公聴会を開き報告書を発表しました。その結論は

「現代病の原因は欧米型の食生活にある。人間の身体と健康にとって理想的な食生活は、20世紀初頭の、玄米やイモ類を主体にした日本人の食生活である」

というものでした。

この報告書は連邦議会で承認されて以来、欧米人には玄米に対するあこがれがあるというのです。日本食ブームが欧米中心に巻き起こり未だに勢いが衰えないのは、このマ委員会の報告がき

っかけとなったのです。

しかし玄米のままでは、粒食としての調理法しかないこと、美味ではないこと、消化が良くないことなど、パンやパスタなどの粉食文化の欧米人にはなじめなかったのです。

その憧れの玄米が玄米全粒活性粉になったのですから、パンなどの食材として売り込めば必ず大歓迎されると、加工技術の開発者故豊蔵康博氏はその著書で訴えて当時話題になったことがありました。（「ライス・パワー」ナイスデイブックス：豊蔵康博著）

③食料不足で悩む途上国には玄米全粒活性粉による食糧援助を行う

米の粉食としての援助輸出を経て「米の常食化」を実現し、現地での水田稲作を普及し、食料の自給体制を確立するのです。

米が玄米で粉食として調理可能な微粉末に加工され、現地の食習慣に合わせて調理され、特に飢餓に苦しむ地域にあっては、水などで溶いて流動食として提供することも可能で、燃料もいりません。

粒食文化であったコメが、常食として粉食文化圏に参入するのです。

そのうえで
「現地での水田稲作を推奨指導し、食料の自給自足を目指す」

という訳です。

※この玄米全粒活性粉の加工技術は、故豊蔵康博氏の開発によるものです。その技術は豊蔵氏亡き後も、ご息女によって引き継がれ、健康食として国内で大きな人気を博しています。（製品名リブレフラワー）

※玄米は穀物の中の王様

玄米は、カロリーとともに6大栄養素（たんぱく質、脂質、糖質、必須アミノ酸、ビタミン、ミネラル）を豊富にバランス良く含有し、穀物の王と言われれています。

ただ、あまり美味くない、消化が悪い、調理法が限られているなどの難点があります。その難点をすべて解決したのが「玄米全粒活性粉」です。

玄米の栄養素はそっくり残したまま、冷めても固まらず、長期の保存ができる。粉食としての調理ができ美味しくなるのですから、米が世界性を持ったということです。まさに食料革命です。

（2）国連は、人口爆発時代の人類共通の食料はコメと結論を出していた!!

①コメは穀物の中で優秀な作物

かつて国連は、2020年の人口予測は78億人で、小麦その他の穀物ではとうていまかないきれない。この食料不足を救うのは1ヘクタール当たりの収量が最大であるコメの生産しかないと結論を出しました。

その理由は次の通りです。

⑴米は小麦の1・4倍の反収率である。（たくさん収穫できる）
⑵唯一の連作障害のない穀物である。（連続栽培ができ、土地の劣化がない）
⑶栄養価が他の穀物より高い。（健康維持が可能）

そして、南米アメリカ、アフリカ諸国、ソ連、中近東、地中海沿岸といった水稲栽培の可能な国々は、一斉にコメ作りに取り組み始めたという経緯があります。今も続いています。

そして水田稲作が可能な地域は、もっといくらでもあると国連は調査の結果を発表しています。

②飢餓ゼロの決め手はコメ

この国連の結論は、世界的飢餓の時代を回避するための究極の穀物は、唯一連作ができ、生産効率が高く、栄養価も高いコメをおいてないというものにほかなりません。

ただし、玄米のままでは粉食文化圏などではなじまないという難点があったのです。

例えば、平成7年9月、時の村山富市総理が中東を歴訪した際、訪問先のエジプトで国王から「米を買ってくれ」と要請を受けたことがありました。

エジプトでは大量にコメを作るようになったけれども、エジプトの人々はコメの食べ方を知らないというのです。ですからコメは輸出商品であって、食料ではなかったのです。

ケニアでも、同じようなことがありました。

ケニアでは、日本の青年海外協力隊発足当初からの活動として、広大な不毛の地を灌漑して水田を作ったけれども、ケニアの人々はコメの食べ方、調理法を知らないし、教えてもやはり伝統のトウモロコシの粉を調理した「ウガリ」がいいといって、食べようとしないというのです。

飢餓ゼロの決め手はコメ

③米の粉食文化への参入は食料革命だ！

すべて米は粒で食べるしかなかったからです。粒食文化である米が粉食文化圏に参入できなかったのです。

しかしその難点はすでに解決しているのです。先に述べた豊蔵康博氏（故人）によって開発された「玄米全粒活性粉」がそれです。

玄米の栄養素を破壊せず、小麦粉よりはるかに微粉末（25ミクロン）で消化吸収力に優れ、冷めても固化しないので、小麦粉同様粉食として様々な調理法で食べることができ、しかも製造工程で高温で焙煎してあり、そのまま水などで溶いても飲める。しかも包装次第で長期間（最大10年）の保存に耐えるのです。

これは「食料革命」です。

（3）水田は、地球の砂漠化を防止して緑化し、地下水を涵養し、生態系を守る

米は水田で栽培します。

水田は、地下水を涵養して水不足を解決し、田んぼに張った水は蒸発して雲となり雨を降らします。

水田の水は、川や湖から灌漑工事で水路を張り巡らして張るのです。海へ流れてしまう前に、陸地で有効活用するということです。

さらに水田は、表土の消失と劣化を防ぎ、砂漠化を防止して地球を緑化し、生態系を守るのです。

まさに持続可能な開発目標（ＳＤＧｓ）の15「陸の生態系を保護・回復するとともに持続可能な利用を推進し、持続可能な森林管理を行い、砂漠化を食い止め、土地劣化を阻止・回復し、生物多様性の損失を止める。」が、目指しているのは、水田稲作の世界的な展開のことだと理解してよいと思います。

3．食料の自給体制の構築が人口の爆発を解決する

もう一つ、食料の自給体制を構築することで「人口爆発」を終息させる効果が期待されています。まず人口爆発の現状からみていきましょう。

（1）人口爆発（国連及びアメリカ国勢調査局の評価・推計による）

①人口爆発の現状

ア、現在の世界の人口（２０２1年）　78億7、５００万人

イ、世界人口の推移

西暦1年　3億人
1500年　5億人（1500年で2億人の増加）
1800年　10億人（300年で5億人の増加）
1900年　16億人（100年で6億人の増加）
1950年　25億人（50年で9億人の増加）
1998年　60億人（48年で35億人の増加）
2011年　70億人（13年で10億人の増加）
2021年　78億7、500万人（10年で8億7、500万人の増加）

ウ、今後の予測

2025年　81億人
2050年　96億人
2100年　109億人

②人口爆発の原因

平成になって間もないころ、NHKが正月の人口爆発をテーマにした特別番組で、貴重な示唆に富んだ指摘をしたことがありました。この中でキャスターを務めた田原総一郎氏は、

「人口爆発の原因は、途上国における換金作物型農業にある」と、結論付けたのです。

つまり、途上国においての換金作物型農業は、常に労働力不足をきたしており、その貴重な労働力を子供が担っている。従って子沢山は豊かさの象徴であり、その結果、女性の価値は何人子供を産むかで判断されている、というのです。

換金作物は、安く買いたたかれ、たくさん作らないと食料が買えないのです。たくさん作るにも機械を導入することはもちろん人を雇う余裕もない。だから子供、という訳です。

このNHKの指摘は、放映から数十年を経た現代において「国連の持続可能な開発目標（SDGs）」最大のテーマ「飢餓をなくす」という目標に向けての解決策を示唆していたと思われるのです。

NHKのこの番組の再放送をぜひお願いしたいものです。

(2)「人口爆発」を終息させる方策＝飢餓ゼロ達成への道

人口爆発を終息させる方法は、途上国の「換金作物型農業」を「食料生産型農業」に転換する、つまり植民地政策で歪められたままの食料の「輸入依存・援助依存」という「食料システムの弱点」を「食料自給型」に戻していくことをおいてないのです。

それこそが、持続可能な開発目標（ＳＤＧｓ）が掲げる「飢餓ゼロ」を達成する唯一の解決策だということです。そして、食料の自給体制を構築することは、飢餓ゼロだけでなく、人口爆発の原因を消滅させますから、人口の爆発を自然終息させるのです。

それを日本発で実行するのです。

4．熊本県及び青年海外協力協会の実践報告

（1）平成2年

熊本県は、農業団体・シガリオ・ジャパン社・青年海外協力隊などの協力で、干ばつで苦しむ南米ペルーへの「玄米全粒活性粉による食料緊急援助」を実施しました。国連の緊急食料援助の要請に応えての取り組みでした。これが世界初の玄米粉による食料援助の試みでした。

援助の効果を現地で調査したＮ・Ｈ女史（元青年海外協力隊員：派遣国ペルー）によると、この玄米粉による援助は予想以上に現地の人々に歓迎されたそうです。飢えで苦しむ1万人を超える子供たちを救うことができたという報告でした。

（2）平成3年

公益社団法人青年海外協力協会の「途上国への食料援助による農業再建計画」の一環として、

アフリカのザンビア共和国の首都ルサカで、現地の日本の青年海外協力隊の主催による「玄米粉」試食会が大々的に開催され大好評を博しました。アフリカ各国から大臣クラスを含めて代表者が参加し、現地の主食「ウガリ」（トウモロコシの粉を煮て団子状にして食べる）に玄米粉を混入して食べる調理などが試食され、テレビの実況中継もあり、食料援助での採用が期待されました。

※公益社団法人青年海外協力協会（ＪＯＣＡ：昭和58年内閣府認可）

青年海外協力隊の帰国隊員で組織され、現在は青年海外協力隊事業を外務省管轄の下で隊員募集、派遣前訓練、派遣業務などを行っている。

平成４年

青年海外協力協会は、熊本県の阿蘇の入口に位置する長陽村で21戸の農家が「減反田」で作付け収穫した玄米及び、地元の立野小学校の児童たちが学習田５アールで収穫した玄米を合わせた23トンを、玄米全粒活性紛に加工（株シガリオ・ジャパン：豊蔵康博社に委託）し、ザンビアのメヘバ難民キャンプ及び首都ルサカ周辺の孤児院や病院に半分ずつ無償での援助輸出に成功しています。

多くの子供たちを餓死と栄養失調から救ったのです。

ザンビア駐日大使の来訪

余談ですが、翌平成5年6月15日、ザンビア駐日大使ジョー・ムアレ氏が、お礼の挨拶に長陽村を訪問し話題になりました。

歓迎式典の会場となった立野小学校体育館で、児童と村民で超満員の聴衆を前に、「皆さんが贈ってくれたコメが私の祖国のたくさんの子供たちの命を救いました」と、絶句しながらの声涙ともに下る演説に、会場は感動の坩堝と化したのでした。

平成5年

冷夏の影響による「平成のコメ騒動」の年となり、作付けした援助予定米は、国内用に転用することとなり、このプロジェクトは中断のやむなきに至り、残念ながら再開はできていません。

しかし、このペルーとザンビアへの玄米粉による食料援助の取り組みは、粒食だったコメが、粉食文化圏に受け入れられることを実証したことで、大きな意義を残しました。

5. 熊本県での取り組みは持続可能な開発目標（ＳＤＧｓ）のモデル

以上報告しました熊本県並びに青年海外協力協会の活動は、持続可能な開発目標（ＳＤＧｓ）目標2

「飢餓を終わらせ、食料の安定確保と栄養状態の改善を実現し、持続可能な農業を促進する。」

そして

同目標15

「陸の生態系を保護・回復するとともに持続可能な利用を推進し、～中略～砂漠化を食い止め、土地劣化を阻止・回復し、生物多様性の損失を止める。」

のモデルケースです。

モデルがあるかないかは、事業の成否を大きく左右します。

後は行動あるのみですね。

6. 君のスタートラインは？

君のスタートラインは、どこでしょうか。

それはご飯を食べれない空腹のつらさを体験してみることだと思います。

その体験で、毎日食事ができることがいかにありがたいことかがわかると思います。

そして、飢餓で苦しむ人々のためになりたいという思いが心の奥から湧いてくると思います。

その上で、飢餓ゼロが達成されて健康で幸せな笑顔に満ちた途上国の人々を想像するのです。

それが君のスタートラインの一つだと思います。その疑似飢餓体験から、行動が生まれてくるからです。

第3章　全ての人に電気を

第3章で取り上げる持続可能な開発目標（SDGs）

目標の7　【エネルギーをみんなに。そしてクリーンに】

すべての人々の、安価かつ信頼できる持続可能な近代的エネルギーへのアクセスを確保する

第3章で目指すスローガン

「今、君から始まる　全ての人に電気を届ける作戦」

目標

再生可能、安全、環境への負荷ゼロ、インフラ整備不要である燃料電池の技術革新で、小型化、低価格化を達成し、世界の小規模化・分散化・多様化で自立したエネルギー需給体制を目指す。

1. はじめに

(1) 世界の未電化人口は約10億人超

(経済産業省・資源エネルギー庁の平成28年・2016年の発表)

①未電化の地域

サハラ砂漠以南のアフリカ5億8,770万人、南アジア~インド2億3,920万人、バングラデシュ4,070万人、インドネシア2,300万人、パキスタン5,090万人、ミャンマー2,240万人、その他のアジア地域6,250万人、アジア以外のほかの地域3,390万人。

②なぜ電化できなかったの？

電化できなかったのは「電力供給インフラ」の整備に莫大な投資が必要だったからです。

君は、電気がない生活なんて想像すらできないでしょうね。台風の時などたまに停電したときの経験はあるかもしれないけれど、いつか復旧するからそれまでの間の不自由を耐えればいい。

しかし、電気がなければ、一生涯夜はろうそくかランプ。テレビもないし、冷蔵庫もない。電気炊飯器などの電化製品は何もない。冷房もない。もちろんスマホの充電もできない。

電気がなければいろんな産業も発展しないから、経済的な貧困が続く。電車などの公共の交通機関もない。冷蔵庫がないから食料などの貯蔵ができない。

しかし、そんな生活をしている人たちが、世界に10億人もいるのです。

エネルギー問題は生産活動、日常生活など、あらゆる面で重要課題である

ではなぜ電化ができないのかというと、発電や送配電などの電力供給インフラの整備に莫大な投資が必要となるからです。

(2) 持続可能な開発目標(SDGs)が想定しているのは水素燃料による新技術「燃料電池」

①安価な電力供給システム

目標の7で掲げた「エネルギーをみんなに」というのは、莫大なおカネがかかる電力供給インフラに代わる安価な電力供給システムを想定していると解釈すべきです。

そして、その期待に応える新しい電力供給システムこそ、「手頃な価格で信頼性の高い持続可能で現代的なエネルギー」である燃料電池なのです。

その燃料電池が手ごろな価格になって「全ての人々が利用できるようにする」ことこそ、持続可能な開発目標(SDGs)の目標を達成することなのです。

②究極の代替エネルギーは「水素」

現在、旧来の化石燃料を利用した火力発電などに代わる代替エネルギーとして進められているのは、太陽光発電（ソーラーパネル）、風力発電、地熱発電などです。

しかしそれぞれ一長一短があります。太陽光や風力は天候に左右されて安定性に欠ける、地熱は開発費などに莫大な投資が必要となるなどです。

しかし唯一、これらの条件をすべてクリアーしている代替エネルギーが水素エネルギーなのです。

（3）水素について学ぼう

①水素とは何か

原子番号は1番。宇宙で最初にできた物質ですね。そして一つの電子と一つの陽子の組み合わせで構成されている宇宙でもっとも小さくて軽い物質でもあり、宇宙を構成する元素の90％以上を占めています。もちろん私たちの地球もそうです。H_2Oとして存在しています。そうです、水素と酸素が化合した水としてです。

宇宙の誕生は138億年前。その30万年後に電子と陽子がくっついて、最初の元素水素が出現し、それから次々に融合を重ねて炭素、窒素、鉄などの元素が誕生していきました。宇宙の元が水素なのです。

②水素エネルギーとは何か

水素は燃焼しても、燃料電池として発電しても、CO_2は発生しません。
原料の水素は宇宙一杯に満ち満ちています。無限です。
究極の「クリーンで持続可能で最も最先端を行く現代的エネルギー」なのです。
課題は、「全ての人々が、手頃な価格」で利用できるようにするということです。

（4）水素エネルギーの活用技術は日本が世界一

実は、日本はこの分野で、世界をリードする立場にあります。
最近の新聞記事から紹介しましょう。

〈産経新聞令和4年1月4日【水素燃料　リードする日本】より一部転載〉

「日本が世界に先駆けて技術を確立しているのがクリーンエネルギーの水素だ。燃焼しても燃料電池として発電しても、CO_2は排出しない。

水素製造技術では、旭化成のアルカリ水電解に使うイオン交換膜や、東芝の高温水蒸気電解技術が世界をリードしている。サハラ砂漠の10分の1の面積に太陽光発電施設を建てて水素を作ればせ界中のエネルギーを賄うことができる。扱いが容易なアンモニアに変えて海上輸送し、貯蔵する試みも進んでいる。」

というのです。

次に燃料電池について勉強しましょう。

(5) 燃料電池

①未電化地域の電化には燃料電池が最適

水素エネルギーの活用技術でよく知られているのは「燃料電池」ですね。主に自動車の新しい動力として有名です。この分野でもトヨタが世界の最先端を走っています。

燃料電池車はガソリン車などに代わる未来のエコカーとして注目されています。

燃料電池とは、水素と酸素を化学反応させて、直接電気を発電する技術です。排出ガスがなく、振動や騒音も少なく、排出されるのはH_2Oつまり水だけです。温水で排出されますから冷暖房やお風呂などの給湯にも活用できます。

しかも燃料電池は「運べる電気」ですから大規模な発電や広範囲への送配電などのインフラ整備の必要性がありませんから、未電化地域の電化が、最小の投資で可能になります。

②電化されている国でも脱炭素化が求められている

すでに電化されている先進国や中進国などでも、脱炭素など代替エネルギーへの転換が迫られています。

すでに電化されている多くの国の実情はどうでしょうか。

これまでの電力発電の方法や、エネルギーとして頼ってきた石油や石炭、天然ガスなどの化石燃料が、CO_2を排出して地球温暖化の原因を作ってしまったという反省から、世界中がこれらに代わる「脱炭素エネルギー」を模索しています。

ですから目標7にいう「全ての人々」のなかには、すでに電化している地域の人々も含まれます。

つまり、世界中が「クリーンで手頃な価格で高い信頼性と持続可能で現代的」な代替エネルギーを必要としているということなのです。

③水素エネルギー活用技術は日本が世界最高

そしてこの水素エネルギーに関しては、水素製造技術、水素の貯蔵技術、水素の運搬技術などで日本は他国の追随を許しません。

燃料電池や蓄電の技術は日本が世界最先端を走っており、特許申請数は2位以下を大きく引き離しているのです。

つまり、目標の7「エネルギーをみんなに。そしてクリーンに」という目標は、日本によるエネルギー革命を世界中が期待しているということです。日本にとってこれほどのビッグ・チャンスはないと思います。

④燃料電池の課題

燃料電池による未電化地域の電化や、既電化地域の脱炭素エネルギーへの転換の課題は、小型化、低価格化です。

それらが解決すれば、最小経費で世界の未電化地域の電気化が可能になり、「クリーンで持続可能なエネルギーをみんなに」という目標は達成されるのです。


しかも停電などのリスクや送電で生じるロスもなくなり、安全で経済的なシステムですから、エネルギー革命ですよ。

どうやって緑の地球を守り続けていくかを学び行動する

次に、日本政府の水素エネルギーなかんづく燃料電池に対する取り組みについてみてみましょう。

3. 日本政府のエネルギー基本計画

経済産業省資源エネルギー庁　第5次エネルギー基本計画（平成30年：2018年7月）以下要約

「長期的に安定した持続的・自立的なエネルギー供給により、我が国経済社会のさらなる発展と国民生活の向上、世界の持続的な発展への貢献を目指す。」

そして2030年に向けた対応として、

「水素・蓄電・分散型エネルギーの推進」

を掲げています。

さらに2050年に向けた対応としてはさらに突っ込み、主な方向として、

「再生可能エネルギーは、経済的に自立し脱炭素化した主力電源化を目指すとし、水素・蓄電・デジタル技術開発に着手する」

とし、続けて

「世界に先駆けしたイノベーションへの挑戦による国際社会への貢献、そして諸外国における

水素の取り組みを先導する」

としています。

要するに日本政府は、将来のエネルギーは、燃料電池と太陽電池と蓄電池になること、そして日本はこの分野で世界貢献するという認識を基本に本格的に取り組む方針だということです。

〈**水素活用の意義**〉

この方針は、平成26年（2014年）の資源エネルギー庁の燃料電池戦略協議会が取りまとめた水素活用の意義に基いています。

①二酸化炭素を排出しない。

②エネルギー効率が極めて高い。一般電気事業は60％のロスがある。

③送配電の必要がないから停電のリスクがなく、災害などの有事に強い。

④運搬手段（送電線が要らない「運べる電気」）として使うことができ、他のエネルギーとの組み合わせで互いの弱点を補うことができる。

日本政府は、燃料電池を国内で普及させ、同時に世界に最大の貢献をすると決定し、すでに行動しているのです。

4．「運べる電気」の大きな意義

携帯電話が普及したのは、途上国が早かったということを、君は知っていますか。実はそうなんです。電話線を引かなければならない固定電話は、途上国ではお金がなくて普及が遅れたのです。

しかし携帯電話は、無線電話ですから電話線が要りません。だから一気に普及したのです。

電気だって同じことです。大きなダムをつくる、火力発電所をつくる。原子力発電所をつくる。そのうえで送電線を遠くまでしかも各家庭や事業所にクモの糸のように張りめぐらさなければならないから、お金がなくてできなかったし、離れ島や山奥の集落はなおのこと、電気とは縁がなかったのです。

燃料電池は「運べる電気」

燃料電池は、発電所を超小型にしてそれぞれの家庭や小集落、事業所など電力の消費場所で発電するのですから送電線などいりません。

ですから携帯電話が途上国でいち早く普及したように、「運べる電気」である燃料電池も普及するのは早いと思います。

課題は、燃料電池の価格をどこまで安くできるか、そして燃料となる水素の安定供給の方法はどうするかという二点に絞られてくると思います。

しかし心配は要りません。すでに家庭用や事業所用の設置型燃料電池は開発されていて、今後、価格の問題も解決されてくることは間違いありません。

水素の製造技術も日進月歩で進化していて、低価格化は可能になってきましたし、水素の長距離運搬や長期間貯蔵の技術も既に実用の段階に入っています。

5. エネルギーも「小規模化・分散化・多様化」へ

大規模・集中・規格化の時代は終わった。

産業革命以来の西洋近代合理主義は、大量生産・大量消費・大量廃棄を生み出してきました。そしてその大量の廃棄物であるごみが、途上国に輸出されて、環境を破壊しています。

さらに近代合理主義は、生産手段が大規模化され、システムが集中化され、かつ規格化されてきました。その方が合理的だったからです。

ところが、その合理主義が様々な弊害をもたらしてきたのが現代です。貧富の差の拡大や、環境破壊など枚挙にいとまがないほどです。つまりこのままではこの豊かさは持続不可能になるという危機感から、持続可能な開発目標（ＳＤＧｓ）は、始まったのです。

ですから２０３０年以降に目指す新しい時代のコンセプトは、「小規模化・分散化・多様化」になります。

エネルギー政策は小規模・分散・多様化に変わる

エネルギー政策がまさにそうです。ダムによる水力発電、火力発電、原子力発電など、大規模な発電を集中して行い、規格化されたシステムで広範囲に送配電してきました。結果は60％もの送電ロスがありました。

時代は、小規模化・分散化・多様化へと変わります。

今後は太陽電池で水素を製造し、その水素を酸素と化学反応させて発電し、その電気は発電した現場で使う。余った電気は蓄電して、必要な時使うのです。

家庭用から事業所用などに発電機能そのものを小規模化し、分散して、多様な用途に利用することができるのです。

10億人の未電化人口をこれで電化することができる。電化することで地域産業も起こり、貧困をなくし、飢餓ゼロにもつながる。のみならずすでに電化している地域でも「代替エネルギー」として普及するのです。

持続可能な開発目標（ＳＤＧｓ）は、日本の世紀の到来を予測していると言えると思います。

６．君のスタートラインは？

さてそこで、君のスタートラインを考えてみましょう。

スタートラインは、電気の無い不便さを体験してみることもその一つではないかと思います。すべてはそこから始まったのですからね。エネルギーの未来も、出発点は電気の無い不便さに思いを致すことから始まると思うのです。

野外キャンプなどで改めて電気の無い生活体験をするなどいいですねえ。

そして、燃料電池が世界に普及して

「クリーンで、全ての人々が、手頃な価格で信頼性の高い持続可能で現代的なエネルギーを利用できるようにする。」

という持続可能な開発目標（ＳＤＧｓ）の目標が日本の貢献で実現した日のことを、想像するのです。

これが君のスタートラインだと思います。

美しい自然を守り続ける

第4章　みんなが読み書きできる世界

第4章で取り上げる持続可能な開発目標（SDGs）

目標の4　【質の高い教育をみんなに】

すべての人に包摂的かつ公正な質の高い教育を提供し、生涯学習の機会を促進する

第4章で目指すスローガン

「今、君から始まる　みんなが読み書きできる世界」

目標

ＩＣＴと寺子屋方式を組み合わせた教育システムで、世界の識字率１００％達成を目指す。

日本の少子化時代の新しい教育システムの一つは、教育過疎地のＩＣＴと寺子屋方式の組み合わせになる。このシステムを世界の非識字地域に展開して世界の識字率１００％を目指す。

1．世界の教育事情

（1）5、900万人の子供たちが小学校に通えない

ユニセフによると、２０１８年現在で、５、９００万人の子供たちが小学校に通っていません。

特に女の子が取り残されています。

行けない理由は、学校がない、教師がいない、子供が貴重な労働力、内戦中など様々です。

この子たちに

「公平で質の高い教育を提供」

するというのが持続可能な開発目標（ＳＤＧｓ）の目標です。

（2）世界の識字率と非識字者数〈国連人間開発報告書2013より〉

問題は子供だけではありません。読み書きができない人々（非識字者）が世界には次の通りまだたくさんいるのです。

①世界の非識字者数

7億7、300万人

②識字率70％以下の国（数字はいずれもパーセント）

ザンビア、マダガスカル、ルワンダ、ジブチ、スーダン、アンゴラ（以上70％）ラオス、ネパール（以上68％）、カメルーン67、エリトリア、ナイジェリア、ブルンジ、エジプト（以上66％）、イエメン、ハイチ（以上62％）、モロッコ61、パプアニューギニア60、パキスタン58、モーリタリア57、バングラデシュ、コートジボアール、中央アフリカ、モザンビーク（以上55％）、トーゴ53、ブータン52、ギニアビサウ52、東ティモール50、セネガル49、ガンビア46、ベナン41、シエラレオネ40、ギニア39、アフガニスタン37、ソマリア35、チャド33、ブルキナファソ、ニジェール、エチオピア（以上28％）、南スーダン27、マリ26（以上41か国）最後のマリは文章を74％の人が読めない。

（3）識字率が低いことは何をもたらすか

①民主主義が育たない。（投票できない。政策が読めず理解できない）
②貧困から抜け出せない。
③産業が育たない。
④衛生環境、病気予防と治療などの改善ができない。
⑤政府の政策が徹底できない。

（4）識字率が低い原因

①地域に学校がなかった。
②教師がいなかった。
③子供は貴重な労働力でありたとえ学校があっても行けなかった。
④宗教上または慣習上、女子の就学を好まれなかった。

（5）持続可能な開発目標（ＳＤＧｓ）の「生涯学習を促進する」の意味

生涯学習は、これらの非識字者が対象だと理解すべきです。みんなが読み書きができるようになるよう年齢に関係なく「学習」するということです。

「みんなが読み書きできる世界」にしようという第4章のスローガンは、これらの非識字者をゼロにするという意味なのです。

2．具体的提言

国連の持続可能な開発目標（ＳＤＧｓ）４「すべての人に包摂的かつ公正な質の高い教育を確保し生涯学習の機会を促進する」を、次の要領で実践して、世界の識字率１００％を目指します。

忘れてならないのは、対象者は子供たちだけではなく、大人も対象者にしなければならないということです。

（1）ＩＣＴと寺子屋方式の組み合わせでまず「読み書き」を巡回指導する

パソコン・プロジェクター・スクリーンそしてバッテリーを持って巡回授業をする寺子屋教育を提案する。

現地での授業を行う場所が寺子屋になる

授業を行うその場所が寺子屋です。

寺子屋での授業は、基本的に「録画教材」で行います。録画をパソコンで再生しプロジェクターによってスクリーンに拡大して実施するのです。

録画ですから必要なところでストップして説明できますし、繰り返しも自由です。

学校建設や教師養成は必要なくすぐできる方式です。

現地の寺子屋は、子供たちはもちろん大人も（もちろん女性も）一緒に学ぶ場となります。

※持続可能な開発目標（ＳＤＧｓ）５の「ジェンダー平等をみんなに」は、男女の差なく教育を受ける権利の保障が基本となる）

ＩＣＴ教材の作成、機具の操作方法などを、日本の青年が指導

指導を受けた現地の青年が巡回指導を行います。

寺子屋の会場は、各集落の集会場、なければ広場の青空・星空天井で行います。

内容は、簡単な現地語の読み書きからスタートして、徐々にレベルアップしていく。

（２）日本の最高の国際貢献の提案となる

以上の日本の事業としてのＩＣＴ活用の「世界の識字率１００％を目指す事業」は、間違いなく途上国の人々にとって最高の貢献策となるのは間違いありません。読み書きができるようにな

るということは、それほど大きいのです。

3．少子化の中の未来の日本の学校

実は、ＩＣＴ技術と寺子屋方式を組み合わせた「みんなが読み書きできる世界」にしようという第４章のスローガンのモデルはまだありません。

今から日本で作っていくのです。それは日本の今からの教育は少子化の影響で大変な時代を迎えるのですが、その解決方法が「ＩＣＴと寺子屋方式」の組み合わせによるものなのです。

日本の教育の危機を解決する方法

IT化が急速に時代の流れを変えている

で「みんなが読み書きできる世界」をつくろうという訳です。
少し難しいかもしれませんが、大事なことですから我慢して勉強しましょうね。

（1）２０４０年までに８９６の自治体が消滅する可能性

①２０４０年、日本の総人口１０、７２８万人に減少
（対２０２1年比マイナス１、８８２万人）
年少人口は、１０７3万人に減少（対２０２1年比マイナス４５９万人）
（※年少人口＝14歳以下）
②その結果、２０1０年から２０４０年までの間に、約50％に当たる８９６の市町村が消滅する可能性があるというのです。
（出展「地方消滅」中央公論：編著「増田寛也元岩手県知事・総務大臣」）
※消滅する自治体の公立小中学校は廃校となります。
その結果、２０５０年には日本の学校は次のような深刻な状況になることが予測されています。

（2）【２０５０年の学校】（ＮＨＫ19時ニュース：２０１８年1月18日：根本裕二東洋大教授）

①公立中学校が全国で3分の1になる。

9、479校が3分の1の3、100校になる。（国立71校、私立775校を除く）

②大都市と地方の県の格差が広がる。

公立中学校数は、大都市で2分の1に、地方の県は10分の1になる。

③地方の県でも都市と地域の間で格差が広がります。

その結果、県全体で10分の1に減少するのであって、県内の都市部と地域の間で格差が拡大し、都市部以外のほとんどの市町村が小中学校ゼロ地帯になるということです。

④2050年の予測は、その時突然来るのではありません。すでにその結果に向かって年々状況は悪化していることを忘れてはなりません。

（3）持続可能な開発目標（SDGs）4は日本の教育の課題

①遠距離通学ができない児童生徒への教育はどうするか

地域の学校が消滅するとどうなるのでしょうか。君の住んでいる地域に置き換えて予想してみれば、その深刻さがわかると思います。

地域から学校がなくなるということは、地元に残る子供たちは遠距離通学をしなければならなくなることを意味します。

しかし、スクールバスでの通学にも限界があります。

地方になるほど公共交通機関が不整備ですから、現実的に遠距離通学は不可能な例がほとんどとなります。

残る道は、都市部への移転ですが、家庭の事情でそれができない場合どうするかというのがこれからの少子化時代における日本の教育の最大課題になるのは間違いありません。

②目標4は日本の課題でもある

「全ての人々に、誰もが受けられる公平で質の高い教育を提供し、生涯学習を促進する。」とした目標4は決して、途上国などだけの課題ではないのです。日本の課題でもあるのです。その解決の方策について次に考えてみましょう。

4. 日本の少子化による教育危機は「ICT&寺小屋方式」で乗り切る

(1) 教育のICT化が急速に進んでいる

①通学できる地域と通学できない地域の教育サービスの格差を小さくするのが課題

近年、国を挙げて教育のICT化が進められています。人口減少や少子化による学校数の減少への対策は教育システムのICT化しかありません。

課題は、通学できる地域と通学できなくてICTだけに頼らざるを得ない地域との教育サービスの格差をどうやって小さくするかという点に絞られてきます。

②教育のＩＣＴ化によって想定される功罪（プラスとマイナス）

少子化と学校減少への対応という新しい時代の要請に応えるためには教育のＩＣＴ化は避けては通れません。

そのためには、ＩＣＴ化そのものが抱える課題を解決しなければなりません。

その課題とは、ＩＣＴ教育のマイナス効果を乗り越えるという課題です。

教育のＩＣＴ化という未知の世界には、当然、プラスもあれば、マイナスもあるはずです。そのＩＣＴ化によってもたらされるマイナス面を知ったうえで、プラス面を活かす方法を考える必要があるということです。

マイナスを知らずに導入を急いでは、そのプラス面を活かすこともできません。そして取り返しがつかない教育の根本的崩壊を招いてしまうことを、忘れてはならないと思います。

そこで、まずマイナスの効果について検討し、そのうえでプラスの効果について分析してみたいと思います。

ア、ＩＣＴ化教育のマイナス効果

㈠　マイナス効果その１

家庭学習の機会が増えて、子供たちの孤独化に拍車がかかることです。教育界では「不登校ゼロ」になると歓迎ムードがありますが、実態は「オール不登校化」です。

㈡　マイナス効果その2

教育の目的である人格の形成（教育基本法第1条）は、ICTでは効果が望めないことです。人格の形成には、他の人格とのふれあいが不可欠です。子供が自宅にこもってICTでの自習三昧で、健全な人格は形成されません。

㈢　マイナス効果その3

旧来の教育内容や手法を根本的に見直さないままICT化が行われれば、目標4が掲げる「質の高い教育」が達成されないで固定化してしまうというリスクがあります。

イ、教育のICT化のプラス効果

㈠　プラス効果その1

少子化によって学校の統廃合は避けられず、学校が消滅する地方では、遠距離通学も不可能。従って、ICT教育の普及は、これの救済策となります。

㈡　プラス効果その2

ICT教育を実施するに当たって、先生たちはICT用教材を作成しなければなりません。作成に当たっては、当然、教育基本法の第1章「教育の目的及び理念」に基づいて持続可能な開発目標（SDGs）が掲げる「質の高い教育」内容の教材を作成することになり、教育の内容と質をさらに高めることができます。

㈢ プラス効果その3

画一教育から個別対応教育への転換が可能となる。

今からの教育の最大課題は、個別対応型教育であることは、教育に携わった人は皆分かっています。個別対応型の教育は、これからの教育の最大課題の一つです。しかし今までは現実的に極めて困難な課題でした。それが教育のＩＣＴ化によって可能になったのです。

「産経新聞令和４年1月31日」に、

「特に旧来の教育から抜け出せなかった日本は、アジアでも教育後進国になり始めている。主体的・対話的で深い学びで、自ら問題意識をもって学び続ける教育が今後の課題だ」

という趣旨の手島利男日本持続発展教育推進フォーラム理事の講演内容の一部が報道されていましたが、これもＩＣＴ教育による個別対応型教育によって可能となります。

③通学できる地域とできない地域の教育サービスの格差是正

通学できる地域とできない地域の教育サービスの格差は、ＩＣＴと寺子屋の組み合わせによって解決できます。

マイナスの要因は見方を変えればプラス要因でもあります。少子化対策にＩＣＴ技術と寺子屋方式を組み合わせて、マイナスをプラスに変えるのです。

それが通学できる地域とできない地域の教育サービスの格差を小さくする方法ともなります。

少子化で従来のような学校運営が不可能になって廃校となっても、地元には少人数であっても子供たちは残っているのです。

残っている子供たちはＩＣＴでの家庭学習ではなく、廃校になった地元の学校施設又は他の公的施設を活かして、学年に関係なく同じ教室でそれぞれがＩＣＴによる授業を受け、教室での監督や生活指導などは、退職した教師などの教育関係者等の有識者に委託してお願いするのです。

人口減少は神社やお寺も消滅させます。地域の住民の心のよりどころを守ることにもなります。

これは明治以来の画一教育を、「個別対応型教育」という時代の要請に応じた教育システムに切り替える大きなチャンスなのです。

モデルは、江戸時代の寺子屋です。イメージは下記のようになります。

〈ＩＣＴと寺子屋の組み合わせ教育のイメージ〉

◎廃校になる校舎または公的施設を活用する。

◎小1から中3（場合によっては高校生も）までが、同じ校舎同じ教室で一緒に学ぶことで、年長者は年少者の面倒を見、年少者は年長者を敬う心が育つ。
◎学科の授業は児童生徒個々の拠点校の担当教師がＩＣＴで行う。
◎現場の監督及び生活指導などは、地元在住の有識者に委託して実施することで、地元住民の協力と、子供たちの郷土の歴史や文化を学ぶ機会が増え、結果的に郷土愛を育む。
◎同時に、同じ学校施設を地元住民の「生涯学習」（教育基本法第3条）の場としての活用を計画する。

寺子屋とは日本に昔から存在していた教育施設

寺子屋とは、明治5年の「学制」制定までは、鎌倉時代に始まり江戸時代へと続いてきた各地に存在していた庶民の為の教育施設です。

寺子屋では農民、町民など一般の庶民が幅広く学び、幕末には全国各地に16、560個所もありました。また武士の子は主に藩校というレベルの高い教育施設があってそこで学んでいました。

令和3年度の全国の小学校数は国公立、私立を含めて、19、340校、中学校数は10、077校、高校は約4、900校ですから、イメージとしては、当時の寺子屋は、現在の小学校よりちょっと少なく、中学校の1・6倍、高等学校の3倍あったということになります。

子供の人口比較ではありませんから単純には言えませんが、人口約3、000万人の時代と、その4倍以上の1億2、500万人の現在と比較すると、人口比でいかに寺子屋が普及していたかがうかがい知れると思います。

その結果が、18世紀の日本の識字率が世界ダントツの高さだったのです。ちなみに世界の先進国の識字率は、ロンドン20％、パリ10％という状況でしたが、日本の江戸は70％です。明治維新直後の調査で、全国平均男性60％、女性30％だったとされていますが、それでも世界の先進国にとっては驚異の高さでした。もちろんその後、明治政府による急速な学校建設と義務教育の開始によって、識字率は飛躍的に向上しました。

これが明治維新後の日本の短期間での驚異的発展の土台となったのです。

江戸時代の寺子屋教育の特徴

「江戸の備忘録」（文春文庫）の中で、著者の磯田道史氏は、江戸時代の寺子屋教育について、マンツーマン教育に近かったと指摘されています。

確かに寺子屋風景を描いた錦絵を見ると、子供の机からしてあっち向いたりこっち向いたり、そろばんをしている子の横では、書道をしていたり、そのまた横では本を音読している姿が描かれたりしています。

磯田道史氏は、江戸時代までの教育は「手と口の学び」であったが明治以降黒板が登場し「目と耳の学び」になったと近代以降の教育の重要な変化を指摘しておられますが、画一的知識を国民に教えるのには、この方が都合がよかったのは間違いありません。

しかし、創造力や自主性が育ちにくかったのは間違いありません。

今からの教育のあり方は、

持続可能な開発目標（ＳＤＧｓ）が掲げる「公平で質の高い教育」や「主体的・対話的で深い学びで、自ら問題意識をもって学び続ける教育」（前出の手島利男日本持続発展教育推進フォーラム理事）に切り替えていくことが課題になると思います。

それはまさに、寺子屋方式とＩＣＴ技術が融合した新たな教育システムから生まれるのが、日本方式ということです。

以上が日本の教育の危機を乗り越え、「みんなが読み書きできる世界」をつくる目標達成へのモデルです。

5．君のスタートラインは？

君のスタートラインは、どこでしょうか。

世界には勉強したくてもできない子供たちがいっぱいいることを君は改めて知ったと思います。

日本に生まれて恵まれた学校教育環境で勉強できることがいかにありがたいことかを、同時に感じたことと思います。

そして教育を受けることが自分の人生にとってどれだけ大事なことなのかも分かりましたね。

学校で勉強するのは「自分の人生を幸せにする」ためなのです。

途上国の多くの子供たちは、貧困から抜け出して幸せになるために教育を受けることが大事だと分かっています。しかし受けたくても受けられないのです。


日本で学び、生きていく君たち若いみんなは、本当に恵まれているのです。

保護者の皆さんに、そして学校の先生方に、一緒に学んでいる友達に感謝しましょう。

その感謝が、

「今、君から始まる　みんなが読み書き

学ぶ喜びが未来を創る

できる世界」に向けての、スタートラインです。

おわりに

10代からのサステナブル第1章から第4章までが終わりました。

しかし、実は、これらの4つのテーマを実現するために、どうしても乗り越えなければならない人類全体にかかわる文明的な大きな課題があるのです。

それは「民主主義」と「資本主義」です。


持続可能な開発目標（ＳＤＧｓ）の目標17は「パートナーシップで目標を達成しよう」となっています。

また193の国連加盟国の全てが賛成して採択されていることから、当然すべての国がお互いにパートナーシップを発揮して目標達成に努力するはずなのです。

しかし、実態はそうではありません。民主主義国と非民主主義国の対立は激化する一方です。

そして非民主主義国の方が多いのです。

民主主義の根幹である「人権」が非民主主義国で侵害されており、国連がその調査や批判をしようとすると非民主主義国の反対や妨害で機能できないでいるのです。

目標17のパートナーシップを現実にするためには、「非民主主義国家群」を「平和的に民主化」するという大きな課題があるのです。

もう一つは資本主義の見直しです。

資本主義のおかげで今のような物質的な豊かさを享受できるようになったのは紛れもない事実です。しかしその反面、貧富の差を広げ、環境を破壊しました。

その危機感から持続可能な開発目標（ＳＤＧｓ）は生まれたのです。

「さらばグローバル経済　ＳＤＧｓ達成への道標」という論文が世界で注目されています。著者は、アシス・コザリ氏。インドの環境保護団体の「カルバルパブリクシュ」の創立者で、グローバル・タペストリー・オブ・オルタナティブスのコーディネーターです。

その中で彼は「経済民主主義」という表現を使って「資本主義経済の見直し」の必要性を訴えています。それは「分かち合いと思いやり、平等の経済システム」だというのです。

（参照『別冊日経サイエンス　科学がとらえた格差と分断　持続可能な社会への処方箋』）

グローバル化した資本主義経済が陥ったのは、分かち合いではなく奪い合いであり、思いやりではなく徹底した競争心、平等ではなく富の一極集中でした。

「分かち合えば少ないものでも足りる。奪い合えばたくさんのものがあっても不足する」という法則が忘れられてきたのです。

この二つの大きなテーマは、10代からのサステナブルからはあえてはずしました。

理由は、まず持続可能な開発目標（ＳＤＧｓ）そのものから学んでほしいと思ったからです。

民主主義と資本主義、この大きな文明的な課題については一般向けの本として出版したいと考えています。


さあ、各章、各テーマごとの君のスタートラインは決まりましたか。

次は、スタートのタイミングですね。


それはこの本を学習し終わった「今」ですよ。


さあ、みんなスタートラインに並んでください。号砲が鳴りますよ。

「ヨーイ」

「ドン」


競争ではないから走らなくていいのですよ。

ゆっくりでいいから歩いて行くのです。

「上を向いて」ね。

上とは、持続可能な開発目標（ＳＤＧｓ）が達成されたゴールの情景です。

もちろんそのゴールの情景は誰も見たこともない世界です。

君の想像の世界、しかしその想像の世界が必ず現実化するのです。


持続可能な開発目標（ＳＤＧｓ）が掲げる17の目標を達成していくには、人類全体にかかわる文明的な大きな課題があることも、触れさせていただきました。

いずれそれが、持続可能な開発目標（ＳＤＧｓ）実現の壁になることも考えられるからです。

だからこそ10代から、きちんとサステナブルを学んで欲しいと願い、本書をまとめました。

もちろん大人の人達にも同じ思いでおります。

教育関係者からの反響

Ｋ・Ｓ様（元中学校校長・現在某市退職校長会会長）

野田将晴著「10代からのＳＤＧｓ」は、いま世界が当面しているＳＤＧｓを学ぶ待望の入門書です。ＳＤＧｓのいろいろな解説書が多い中で、中高生など10代の若い皆さんのために分かりやすく解説され、しかも身近なところから取り組む視点も示されてあります。

全国の中学校や高校がこれを補助教材として採用され、時代に生きる青少年が地球的な視野でＳＤＧｓ達成に向けて行動する際の手引書となることを切に期待しております。

Ｔ・Ｋ様（元県立高校校長）

ロシアの暴挙を見聞するにつけ、国連とか外交力とかがいかに無力であるかを知りました。日本人として生きるにはどうすべきかを示唆された一冊です。

Ｋ・Ｔ様（元県立高校校長）

著者とは柔道家同士として長い付き合いがありますが、癌との闘病中に執筆しこの度の上梓にこぎつけたと聞き及んでおり、その情熱と使命感の高さに改めて敬服しています。

あれだけの文を書くためにはどれだけの資料を読み込まれたのかを思い、感動するとともに、自らの浅学菲才を思い知らされました。わかりやすい文章で貴重な勉強をさせて頂き感謝しています。高校生諸君はもとより、教職員各位にまずは手に取って欲しいＳＤＧｓの入門書です。

Ｙ・Ｉ様（元専門学校校長・国際協力活動家）

ＳＤＧｓが目標とする２０３０年の主役は、これから社会人として、国際人として活躍する中学生や高校生の世代です。その世代である10代からのＳＤＧｓの教材を上梓された著者の高い理念と思いやりに、国際協力活動に若い時から取り組んできた一人の日本人として、敬服します。

ＳＤＧｓ17のの目標は私たちの日常生活上での生きた目標でもあります。

中高生の皆さんがこの書を参考書として学習され、世界の一人としてそれを社会還元する活動に参加されることを期待いたします。

それこそがこの本の副タイトル「輝く心と学ぶ喜び」ではないかと思います。

Ｍ・Ｋ様（元某市学校教育課長）

この書は、ＳＤＧｓを学ぶ上において、身近な問題を提起し解説までをわかりやすくまとめた補助教材であり、具体的な取り組みに苦慮している教育現場にとって、また中高生にとって確かな一歩を踏み出すうえで、大変優位な教材であると思います。時代の変化とともに、中高生には自ら考えて行動する姿勢が求められ、その意味からも、本書は現実に正面から向かい合って正しく学ぶことを基調とされていると感じます。

玄米全粒活性粉（リブレフラワー）に関するお問い合わせ先
株式会社シガリオブルーム　玄米美人
〒105-0001
東京都港区虎ノ門42－9－8
TEL；0120－961－798
メール；webmaster@genmaibijin.com

野田 将晴（のだ まさはる）

昭和20年生まれ
熊本県出身
熊本県警察官（昭和39年〜昭和51年）
青年海外協力隊（マレーシアで2年間柔道・逮捕術指導）（昭和45年〜同47年）
元号法制化運動に没頭するため警察官を辞職
熊本県青年団体連絡協議会副会長
公益社団法人青年海外協力協会元理事・国際協力委員長
熊本市議会議員（1期）
熊本県議会議員（3期）
平成31年２月、自由民主党本部にて憲法改正推進本部主催の有識者ヒアリングで講演。
勇志国際高等学校校長（平成17年開校時から令和3年3月まで16年間）
現在;上を向いて歩こう会会長、教育新時代研究会会長等
　　緑の協力隊員
柔道6段

10代からのサステナブル　持続可能な社会をめざして
輝く心と学ぶ喜びを

令和６（2024）年９月６日 第１刷発行

著　者　野田 将晴
発行者　斎藤 信二
発行所　株式会社　高木書房
〒116－0013
東京都荒川区西日暮里5－14－4－901
電　話　０３－５６１５－２０６２
ＦＡＸ　０３－５６１５－２０６４
メール　syoboutakagi@dolphin.ocn.ne.jp
装　丁　株式会社インタープレイ
印刷・製本　株式会社ワコー

乱丁・落丁は、送料小社負担にてお取替えいたします。
定価は表紙に表示してあります。

 ISBN978-4-88471-840-4　C0037